ENVOLÉES FUGACES

MATHIAS ATAYI

———

Envolées fugaces

EUPHORIE CHIMÉRIQUE ÉDITIONS
RUE DE PENTHIÈVRE
PARIS VIIIe
2019

ISBN : 978-2-490797-00-4

La Poésie naît dans la conscience, grandit dans le cœur, vit dans la pensée et meurt dans l'émotion.

AU LECTEUR

Peu importe mon nom, quelle que soit mon histoire
Il suffit de me lire pour savoir qui je suis
À travers ces lignes, un réquisitoire
Un bout de conscience de la vie que j'essuie.

L'écriture est un jeu, alors jouons ensemble !
Faites une pause, un instant, prenez place !
Soyez attentifs à ce qui nous rassemble !
Vous aussi, faites partie des envolées fugaces !

À présent chers lecteurs, je vous souhaite bonne lecture
Un peu de poésie rien que pour le plaisir
Partager avec vous un peu de ma nature
Est en réalité, là mon plus grand désir...

Poésie

I

LE MESSAGE

Ceci est un message pour tous mes bons amis
Sur les bords d'un rivage, un ange me l'a transmis
Pour trouver la paix, pardonnez vos ennemis
Pour vivre au paradis, pas besoin de permis.

D'après lui, rien ne sert de craindre l'avenir
Il faut suivre les signes et prendre du plaisir
Être ceux que nous sommes sans renier nos désirs
Transformer nos soupirs en de larges sourires.

Il m'a aussi confié que nous ne sommes jamais seuls
Que notre dernière tunique n'était pas le linceul
Le secret de la vie dans un brin de tilleul
L'amour notre parrain, nous sommes tous ses filleuls.

II

LE VOYAGE

La journée commence toujours par une pensée
Aujourd'hui, je décide qu'elle sera insensée
Dans l'arène, je deviens gladiateur encensé
Protecteur de la veuve et de l'offensé.

Autour du monde, je pars faire ce voyage !
Ignorant les frontières, détruisant les clivages
De multiples rencontres je remplis mes bagages
J'apprends de l'érudit, ainsi que du sauvage.

De ces rites ancestraux, je me fais l'apprenti
Mon esprit est curieux, il a grand appétit
Face à tant de cultures, je me sens si petit
Point d'humanité, sans la moindre empathie.

Après tous ces échanges et ces instants d'extase
Moments inoubliables, où nous étions en phase
Il est grand temps pour moi de rentrer à la case
Car le manque des gens que j'aime, m'écrase...

III

Jeux de mots

Il y a des lettres et des mots, des phrases et puis des pages
Il y a des êtres et des maux, des phases, des pluies de cages
Il y a du champêtre, des hameaux, des cases sur des plages

Il y a du paraître, des défauts, des nazes pris de rage
Il y a des traîtres et des faux, des topazes en mirage
Il y a des maîtres et des *flows*, des bases pour les sages

Il y a de piètres salauds, des gaz pour des carnages
Il y a des ancêtres prolos, qu'un vase en héritage
Il y a des sceptres, des mégalos en extase de leur image.

IV

LE TEMPS

Dans l'espace le temps court, mais jamais ne se lasse
Silencieux, il avance et ne laisse pas de traces
Dans son dos le passé, le futur dans sa face
Le présent quant à lui n'est que sa dédicace.

Relatif à celui qui en fait l'expérience
Il a mille religions mais aucune obédience
À ce jour, aucun art n'a fait mieux que sa science
Sans connaître sa nature, il reste une évidence.

Il porte dans ses valises, l'histoire de l'univers
Il connaît tous les lieux et chaque itinéraire
Parfois il traîne des pieds, parfois il accélère
Il n'a pas de regret, ne fait jamais marche arrière.

V

L'ENFANT

Quand l'enfant s'éveille, un monde s'offre à lui
Il n'a pas d'inquiétude, tout reste à découvrir
D'un rien il s'émerveille, chaque instant est gratuit
Dans la moindre attitude, trouve un prétexte pour rire.

Dans sa tête, ses pensées sont un rêve qu'il vit
De ses goûts et ses choix, il construit son avenir
N'a pas d'à priori sur les gens ou la vie
Il savoure simplement les moments à venir.

Il ne comprend pas bien le monde des adultes
N'a pour seule devise que le divertissement
Il connaît le bonheur ainsi que les tumultes
D'une vie faite d'amour et de rebondissements.

Quand certains, pour toujours, gardent cette âme d'enfant
Dans la main d'un destin, forcément bienveillant
D'autres sont amnésiques de cette magie d'antan
Et ne savent plus vivre le moindre émerveillement.

VI

MOMENTS PRÉSENTS

D'un rayon de soleil au parfum d'une fleur
Du miel de l'abeille à la main qui m'effleure
Du printemps à l'automne et de leurs belles couleurs
Je savoure chaque rire et accepte mes pleurs.

J'apprécie simplement la chaleur d'une plage
Remercie ce nuage qui m'offre son ombrage
Tiens voilà, douce brise ! Caressant mon visage
L'Océan est vivant et me paraît si sage.

La nuit tombe et bientôt les étoiles brilleront
D'un éclat si bruyant qu'un milliard de grillons
Ciel, costume trois pièces et sa ceinture d'Orion
Flirte avec mon âme, le temps d'un réveillon.

Le bonheur est en moi, dans le jardin d'Éden
Attentif, je l'écoute me chanter sa rengaine
Tout au fond de mon être, il a semé des graines
Jamais on ne meurt de soif auprès de la fontaine.

VII

EN MUSIQUE

Quand divine enchanteresse sort d'une flûte de pan
C'est une douce mélodie qui embrasse mes tympans,
Se glissant à mon ouïe comme serpente le serpent,
À ce moment précis, de rien d'autre je ne dépends.

Des tracas quotidiens, je ne suis plus paillasson
Un instant, je m'évade, le temps d'une chanson
Menotté à son rythme, kidnappé par son son
À ses notes, je vous prie, ne payez pas rançon !

Ça y est, je suis atteint du syndrome de Stockholm
J'apprends les couplets, le refrain, je fredonne
Je n'entends rien d'autre et n'écoute plus personne
Oui, j'ai fait mon choix ! *I don't Come in at Home !*

VIII

LE RÊVE

J'ai fait un rêve dans lequel j'ai vu Martin
Baignant dans l'harmonie, enveloppé de satin
Nous riions aux éclats autour d'un grand festin
Avec des étrangers et des petits lutins.

Il y avait des senteurs, des douceurs, des saveurs,
Des gens de tout horizon et de toutes les couleurs
Unis dans le respect, l'amour et ses valeurs
Nous étions dans ce rêve des milliers de rêveurs.

C'est alors, qu'il se mit à faire un long discours
La voix pleine de ferveur et sans aucun détour
Proclamant, à jamais, de la paix pour toujours
Tous, main dans la main, un aller sans retour.

En me réveillant, j'avais compris une chose
Ce n'est que par crainte que les hommes s'opposent
Si la peur est la règle, vivement sa ménopause !
Si l'Homme est une fleur, nous sommes bouquet de roses.

IX

LA DÉCLARATION

Pourriez-vous, s'il vous plaît, dire aux gens que j'aime
Que quoi qu'il advienne, resteront dans mon cœur
Tous ces moments de vie ainsi qu'une part d'eux-même
Résonnant, dans mon corps, comme une voix de rockeur.

Pour tous nos regards, sans jamais se toiser
Nos soupirs, nos sourires, nos fous rires échangés
Pour mon plus grand bonheur, nos chemins sont croisés
Nos délires, nos désirs, souvenirs mélangés.

Chaque instant passé avec l'un d'entre vous
Colore mon existence, donne du sens à ma vie
Il est vrai que sans vous, je ne suis rien, je l'avoue
On se comprend parfois, sans même le même avis.

Merci d'être vous-même et de faire qui je suis
Entre nous de l'estime, des sentiments sont nés
Je vous jure, je vous aime et parfois, je vous fuis
Je vous prie, pardonnez cette pudeur innée !

X

DRÔLES D'OISEAUX

Quel est donc ton message ? Petite mésange !
Soyez libre et conscient d'être qui vous êtes !
L'homme qui est sage devient-il un ange ?
Seulement s'il vibre du présent qu'il souhaite.

Quel est donc ton conseil ? Petite alouette !
Savourez la vie car c'est une aubaine
Et quand on essaye, mais que rien n'est chouette
Gardez cette envie de toucher l'Éden.

Quel est donc ton discours ? Petite corneille !
Osez sans détour réaliser vos rêves
Mais si rien ne concourt lorsque l'on s'éveille ?
Sachez que l'amour ne fait jamais grève.

Quelle est donc ta prière ? Petit rossignol !
Que tout un chacun trouve son chemin
Mais si l'on se perd, sans même une boussole ?
Vivez le présent, pas son lendemain !

XI

MA DAME

La profondeur de l'âme se lit dans ton regard
La couleur de ton rire, chaque fois, m'éblouit
La douceur de ma Dame, une fourrure de jaguar
La clameur de sa voix jusqu'à en perdre l'ouïe.

Forte comme la montagne, caractère de volcan
Aussi douce que piquante lorsque tourne le vent
Quand elle se castagne, ne manque pas de croquant
Sait se faire remarquer sans se mettre en avant !

Un cœur gros comme le monde et ses environs
Sa qualité première est sans doute l'empathie
Elle peut boire l'apéro ou sinon un biberon
Elle aime bien Louis Vuitton, préfère Hello Kitty.

XII

POÉSIE

Que faites-vous gente Dame, au bord de la falaise ?
Je regarde l'horizon qui sans trêve m'appelle.
Vous me semblez si triste ! N'êtes-vous pas à votre aise ?
Je me sens disparaître mais aucun ne s'interpelle.

Il faut garder espoir et aller de l'avant !
Mais les hommes aujourd'hui ne veulent que du concret !
Toujours moins de poètes, toujours plus de savants
Peu de gens désormais me confient leurs secrets.

En ces temps, parmi vous, je ne suis plus à ma place.
Mais vous êtes attachante, de surcroît si jolie !
Je vous prie d'épargner vos compliments, de grâce !
Je ne suis faite que de rêve et de mélancolie.

Y a-t-il un moyen de retenir votre fuite ?
Raconter mes souffrances jusqu'en Polynésie !
Voulez-vous que partout votre douleur s'ébruite ?
Faites le savoir au monde ! Mon nom est Poésie...

XIII

Mots gourmands

Donnez-moi une lettre, un bon mot, de l'humour,
Une page encore nue pour écrire mes pensées
J'en ferai une fête, le tableau de l'amour
Un langage inconnu de palabres insensées.

Désormais, chaque phrase sera une gourmandise,
Un parfum aux odeurs d'une effluve romantique
Qu'on l'épelle, qu'on l'écrive, qu'on le lise, qu'on le dise
Du mot littérature, je serai fanatique.

Imaginons des termes, inventons des formules
Écrivons des romans, des poèmes, des pamphlets
Et même si certains disent qu'on affabule
Il y aura dans nos livres un peu de leur reflet.

Il est temps, chers amis, de partir en voyage
Prenons la poésie pour tout itinéraire
Sur les courbes des lignes de ces quelques pages
Faites courir votre esprit, donnez lui un peu d'air...

XIV

Coup de foudre

Quand tes yeux m'ont touché, mon cœur l'a entendu
Ton visage était pur comme l'âme du bébé
Ce regard pour ma part était inattendu
Ma raison quant à elle, en est restée bouche bée.

J'ai alors compris qu'il n'y aurait plus de grève
Dans ma vie désormais, ni plus aucun répit
De l'amour, de l'eau fraîche et le goût de tes lèvres
Un sourire de ta part pour nourrir mon esprit.

Je n'ai plus peur de rien, seulement de ton absence
Dès lors que tu t'éloignes mon air se raréfie
Du moindre plaisir, tu fais naître l'essence
Quels que soient tes désirs je relève le défi.

Je n'étais qu'un demi, j'ai trouvé ma moitié
Et devant l'Éternel nous ne formons plus qu'un
La vallée du bonheur sera notre sentier
Et chacune de ses fleurs portera ton parfum...

Être et paraître

XV

QUESTIONS MÉTAPHYSIQUES

Paraît-il, du néant l'univers se créa
Aussi bien de ce vers, cette idée se hissa !
Si jamais, je ne fus, ne fut-elle que trépas ?
Ou alors cent mille âmes marcheraient-elles sur ses pas ?

Une pensée existe-t-elle par son propre penseur ?
Émane-t-elle d'un endroit où ne vit pas censeur ?
Serait-elle que posture, serions-nous imposteurs ?
L'esprit est-il le frère et la pensée sa sœur ?

D'où nous vient une idée ? Quelle en est la matière ?
Elle existe aujourd'hui, mais était-elle là hier ?
Bien malin est celui qui percera le mystère
De l'insaisissable éternel éphémère...

XVI

LA VIE

La vie est un chemin emprunté par hasard
Par des êtres impuissants dans tout ce grand bazar
Je suis Homme ! J'aurais pu être pieuvre, lézard,
Ou ce bel ours polaire traversant le blizzard.

La vie est un jeu dont chacun fixe les règles
J'ai choisi d'être heureux, un tantinet espiègle
Le regard aussi perçant que celui de l'aigle
Je m'en vais chaque jour, croquer mon pain de seigle.

La vie est un film dont nous sommes les héros !
Nous partageons l'affiche avec tous nos frérots !
Sans amis, nous serions comme une plante sans terreau !
Point de corrida si seul est le toréro !

La vie est une histoire dont on ne connaît pas la fin.
C'est magique, un bébé qui rit dans un couffin !
Autant que deux amoureux chantant le même refrain
L'amour persistera quand ces trois seront défunts...

XVII

LA VIE II

La vie est un perpétuel paradoxe
Aussi invraisemblable qu'une top-modèle en Crocs
Tantôt c'est une valse, tantôt un match de boxe
Sujet inépuisable pour la Century Fox.

Elle est de l'univers le plus grand des secrets
Les êtres sont une fresque qu'elle dessine de son trait
Elle a mille visages mais n'a pas de portrait
Domiciliée sur terre, connaît-elle d'autres contrées ?

Son mystère réside dans ses origines
De la simple bactérie aux virus de l'angine
Des grands dinosaures aux petites aubergines
Dans un homme ou une femme, est aussi androgyne.

C'est une acharnée qui sans cesse se démène
Elle est commanditaire de tant de phénomènes
La faune et la flore sont ses deux grands domaines
Sa plus belle prouesse est la conscience humaine...

XVIII

LA NATURE HUMAINE

L'Homme n'est-il qu'Homme ou animal humain?
Chaque jour, il façonne son destin de ses mains
Bien qu'il ne sache où emmène le chemin
Il avance insouciant comme l'âme d'un gamin.

Est-ce un être bicéphale, mi-ange, mi-démon?
Traversant les méandres et gravissant les monts
Responsable de ses actes ou simple pantin
D'un Dieu qu'il vénère mais dont il ne sait rien.

D'autres ne jureront que par leur libre arbitre
Mais choisit-on vraiment d'être savant ou pitre
Préfères-tu être heureux avec le QI d'une huître?
Ou triste à en mourir en ayant meilleurs titres?

Ni mauvais, ni bon depuis sa naissance

Sa vie est un roman dont les pages sont blanches
Qu'il noircit de ses actes, de ses longues errances
Et ce n'est finalement qu'en fin d'existence
Que lui est révélée sa véritable essence...

XIX

DE L'AVANT

Chaque seconde est un mystère, chaque jour un cadeau
La vie est un miracle, ne lui tournons pas le dos
À chaque homme, son égo et son lot de fardeaux
Rêve ta vie, vis tes rêves, le plus beau des crédo.

Chaque esprit, dans un corps, vit une grande aventure
Le physique que je porte n'est que ma devanture
L'essentiel est en moi et dans mes écritures
Seuls ceux qui n'écrivent pas, ne font pas de ratures.

Un combat quel qu'il soit, n'est pas perdu d'avance
La guerre n'a pas lieu si la paix la devance
Laissez-moi vieillir dans un bain de jouvance
La vie n'a pas de prix, la mort est redevance.

XX

OSER ÊTRE SOI-MÊME

Ici bas, rien ne compte mais tout est important
Nous ne sommes que témoins de l'espace et du temps,
Il faut saisir sa chance et la main qu'on nous tend
Oser être soi-même tant qu'il est encore temps.

Sommes-nous entités parfaitement incomplètes ?
Simples identités complètement imparfaites ?
Suis-je réellement celui que je crois être ?
Du bouffon ou du roi, qui fait vraiment la fête ?

À moitié pardonné est l'homme qui se dénonce
C'est jolie une plante mais ça pique une ronce
Être parmi tant d'autres, de la vie je suis l'once
Je cherche la vérité et jamais n'y renonce.

XXI

LE CORPS

Je suis un tas d'atomes formant des molécules
Dans mon sang rouge et blanc, couleur des mes globules
Patrimoine génétique, mon unique pécule
Qui pilote le carrosse ? Mon esprit ? Mes cellules ?

Avez-vous remarqué ? Le corps est fantastique !
Il se connaît lui-même, suit sa propre logique
Qui a donc agencé une si belle mécanique ?
Cela dit, sans esprit, il serait une brique.

Toutes les particules viennent du fond d'une étoile
La peau est sans doute la plus précieuse des toiles
Le corps un véhicule, H_2O son gasoil
L'univers est magique jusqu'au bout de nos poils.

XXII

L'HOMME AVISÉ

L'homme avisé ne donne pas de leçon
Il partage ses avis, sans manières ni façons
Il se sait à sa place dans son propre caleçon
De l'amour où la peur reconnaît le frisson.

Il comprend que chacun a un point de vue
Les conflits n'se nourrissent que de malentendus
Les hommes, une famille de sept milliards d'intrus
Mais il aime son prochain comme l'a dit Jésus.

Ne parle pas pour rien dire et mesure sa parole
L'essentiel du savoir ne s'apprend pas à l'école
Société est perverse et distribue des rôles
Il préfère la goutte d'eau au baril de pétrole.

Il n'a bien que faire des lois de l'Hémicycle
Il tient en respect la nature et ses cycles
Les hommes sont pour elle un produit qu'elle recycle
Sait que sans équilibre, n'avance plus le bicycle.

XXIII

LE CHEMIN

Ce n'est pas toujours simple de trouver sa voie
Sans connaître à l'avance la portée de ses choix
Même si dans chaque être, une flamme flamboie
On ne voit pas la lueur en un claquement de doigts.

Il n'y a pas de chanson sans que tourne le disque
Ni d'évolution sans prendre le moindre risque
Une vie à genoux, ça détruit les ménisques
Un fraudeur peut gagner ou tomber sur le fisc.

Il est vrai que la chance sourit aux audacieux
Bonne fortune peut frapper chez l'impie ou l'homme pieux
Et parfois, notre destin peut être capricieux
Nous sommes jeu de société dans les mains de Dieu.

XXIV

LE CONFORMISME

Lequel d'entre nous peut se prétendre libre ?
Dans cette société de normativité
Les passe-temps illusoires qui souvent nous enivrent
Tuent à petit feu la créativité.

Posons nos téléphones, ouvrons la discussion
Avant que ce monde ne soit plus naturel
Éteignons nos télés et bientôt agissons
Essayons de changer ces mauvais rituels.

L'ouverture d'esprit n'est pas fracture du crâne
Écoutons nos voisins, eux aussi sont lucides
Arrosons nos consciences pour ne pas qu'elles ne fanent
Militons tous ensemble pour un avenir placide...

XXV

ÉQUILIBRE

Te voilà dans un livre, plein d'amour et de haine
Traversant des périples tout comme l'aventurier
Tout au long de l'Histoire, tu veux briser tes chaînes
Ne plus vivre ta vie comme un simple roturier.

Te voilà sur le fil, de tes jours, de tes nuits
Tenant en équilibre tout comme le funambule
Amalgame subtil de soleil et de pluie,
Une intime alchimie dans ton corps déambule.

Te voilà sur la scène d'ombres et de lumières
Jouant ton propre rôle, tout comme le comédien
Une vie qui partage abondance et désert
Une morale pour te dire ce qui est mal ou bien.

Te voilà dans ton lit, dans un rêve, en éveil
Questionnant l'infini, tout comme l'être humain
De tes terreurs primaires aux ultimes merveilles
Paraît-il, le destin est tracé dans ta main.

Te voilà au cimetière, entre ciel et terre
Contemplant le vivant tout comme le biologiste
Ton corps est obsolète mais ton âme reste entière
Sous une forme différente, dans un autre registre.

XXVI

EN MOUVEMENT

Du plus grand des ignares peut jaillir la lumière
Du meilleur des génies peut venir Lucifer
Quelquefois, Obstiné n'en a plus rien à faire
Il arrive parfois même que Fainéant s'affaire.

Dans la vie, rien n'est fixe, tout n'est que mouvement
Seuls, dans nos souvenirs, sont gravés les moments
Beaucoup disparaissent, d'autres sont le ciment
De l'histoire d'un homme qu'il soit sain ou dément.

C'est sur son lit de mort que viennent les vraies questions
Bien souvent, j'ai eu tort ! Ai-je fait de bonnes actions ?
Des regrets ? Des remords ? La raison ? La passion ?
Vivons chaque seconde, comme vit une émotion.

XXVII

RÉINCARNATION

Un à un nous étions, tête à tête nous sommes,
cœur à cœur nous serons
Tous sur un même chemin que l'on foule
dans une même direction
Les représentants d'une fresque, dont
nous sommes le fleuron
Soyons dignes d'être humains, libres
et responsables en actions.
Dos à dos nous étions, face à face nous sommes,
tour à tour nous serons
Un souffle, une image, un symbole de la vie,
de son incarnation
Dans le corps d'une femme, dans la peau d'un homme,
ou celle d'un puceron
Mille fois revivons, chaque fois dégustons,
de nouvelles sensations.
Terre à terre nous étions, côte à côte nous sommes, pas à pas
nous serons
À la fois créateur, à la fois création, d'une vie surprenante,
pleine d'imagination
Quand nous toucherons l'éveil, dans chacune de tes formes,
nous nous reconnaîtrons
Une plante, un insecte, un arbre ou une bête,
tournant dans la roue de l'évolution.

Sentiments et ressentiments

XXVIII

PAS LA PEINE

Ça n'en vaut pas la peine,
Une vie sans présence
Un amour sans romance
Un été sans vacances.

Ça n'en vaut pas la peine,
Une victoire sans amis
Un conseiller sans avis
Un politique sans patrie.

Ça n'en vaut pas la peine,
Un héros sans destin
Un banquet sans festin
Un Milou sans Tintin.

Ça n'en vaut pas la peine,
Un repas sans saveur
Un voyage sans couleur
Un match sans sueur
Des principes sans valeurs.

Ça n'en vaut pas la peine !

XXIX

Le Soutien d'un Ami

Il y a dans la vie des moments de tristesse
Mais celle-ci s'évanouit face à la tendresse
D'un ami qui nous porte lorsque l'on s'affaisse
Et nous tire avec lui aux portes de l'allégresse.

Rien n'est pire dans ce monde que la vraie solitude
Si tu donnes ta chemise, tu as la bonne attitude
Le partage devrait être pour tous une habitude
Sans argent dans la vie, monnaie est gratitude.

Les hommes forment réellement qu'une seule Communauté
Par-delà Coran, Tora et Papauté
Pour seule religion, je réclame l'Unité
Lors du jugement dernier, pour qui l'immunité ?

XXX

LE DESTIN

Le but de la vie est justement de vivre
Ce qui compte c'est l'histoire et non pas le livre
Mes croyances m'enferment, mais ma foi me délivre
Peu m'importe le flacon pourvu que je sois ivre.

Mon destin rigide peut faire preuve de souplesse
Quand je change d'avis, il retourne sa veste
Il est incorrigible, dissimule la sagesse
Si jamais je m'égare, il me retient d'un geste.

Quand le doute me surprend, c'est alors qu'il accourt
Et face aux dilemmes, il me vient en secours
Du plus grand des périples aux chemins les plus courts
Il est seul à connaître l'issue de mon parcours...

XXXI

L'Espoir

Quand plus rien ne subsiste, il nous reste l'espoir
C'est un souffle optimiste balayant nos déboires
Redonnant l'appétit, permettant d'entrevoir
La fraîcheur au matin et la douceur d'un soir.

C'est une force subtile aux larges épaules
Envers et contre tout qui toujours nous épaule
Si l'espoir est une ville c'est une mégalopole
Si cette ville est Athènes, il devient Acropole.

Quand mon cœur vacille, il lui tend la main
Chante à mes oreilles des meilleurs lendemains
Danse avec mes peurs dans un champ de jasmin
Joue avec mes souhaits et mes rêves de gamin.

XXXII

LA TOLÉRANCE

Si tu n'aimes pas les gens, n'en dégoûtes pas les autres
Chaque reproche que l'on fait pourrait être le nôtre
Ne dis pas : « tu es sale ! », si toi même tu n'es propre
On ne franchit pas d'étapes sans admettre ses fautes.

Nous devrions faire preuve de plus de tolérance
À chacun sa culture, chacun ses références
L'étranger est un soi avec des différences
Aucune couleur de peau ne doit être une carence.

L'Histoire de l'Homme est faite de migration
Le racisme est une question d'éducation
Ensemble rejetons toute forme d'aliénation
La planète terre est mère de toutes les nations.

XXXIII

L'ORGUEIL

L'orgueil, ce défaut inventé par l'égo
Devrait faire partie des péchés illégaux
Chacun est pour l'autre, son alter ego,
Comme les maillons d'une chaîne ou un jeu de Lego.

Dites-moi à quoi bon se sentir le plus fort ?
Quel plaisir y a-t-il à fournir cet effort ?
Certains ont voulu boire entièrement l'amphore
Mais la soif du pouvoir n'était qu'une métaphore !

Voyez l'humilité comme un manteau de soie
Au diable la vanité, vive l'estime de soi !
La confiance fait grandir, l'arrogance nous déçoit
Tout ce que l'on donne, un jour on le reçoit...

XXXIV

LA LARME

Naissant du coin de l'œil, dévalant une joue,
Je suis si peu de chose mais je veux dire beaucoup
Fille d'un rire, d'un chagrin ou d'une immense joie
Tellement de sentiments s'expriment à travers moi.

De l'extrême douleur au soulagement intense
Je suis une goutte d'eau qui dit tout ce qu'elle pense
D'une émotion d'adulte aux caprices enfantins
Je glisse, je coule, je tombe car tel est mon destin.

Pour mon propriétaire je suis l'ultime recours
Quand s'abat sur lui l'aveu du désamour
Je deviens légitime quand la vie vous désarme
Je ne fais pas de bruit pourtant je suis la larme.

XXXV

LE CHARME

La beauté s'exprime, le charme est indicible
Quand l'une attire l'œil, de l'autre le cœur est cible
La première met le but, le second fait le dribble
Si le beau se raconte, le charmant est crédible.

Il me semble que le charme est pareil à l'épice
Caché dans une fossette ou des yeux que l'on plisse
Il vient me caresser, j'ai le poil qui s'hérisse
Il braque mes sentiments, l'humour est son complice.

C'est une chose délicate et aussi subjective
Quand il se fait énigme, je me fais détective
La relation est fade, si de lui on se prive
Dès lors qu'il disparaît, que la douleur est vive !

Certains le prendront pour une sucrerie
Il est parfois timide, la pudeur est son cri
Je suis amoureux des courbes qu'il décrit
Pour lui rendre hommage, ce poème, j'ai écrit.

XXXVI

L'Humour

Celui qui dans sa vie ne prend le temps de rire
Tombera sous le joug de son propre sérieux
Sans un sens de l'humour, on ne peut que souffrir
Avec légèreté on ne peut qu'aller mieux.

N'est il pas délicieux de raconter une blague
Atmosphère chaleureuse, relations amicales
Outil indispensable quand il s'agit de drague
Un couple, sans fou rire, est une histoire bancale.

De farces, de jeux de mots et autres calembours,
Au nom de Bienséance, trop souvent on se bride
Ces quelques gaudrioles nous amuserons toujours
Mesdames et messieurs n'ayez plus peur du bidc.

XXXVII

L'AMOUR

L'amour fils de Hasard et de Coïncidence,
Naît dans l'étincelle d'un regard trop intense,
Vit par l'espoir de ses propres espérances,
N'est que savoir, l'amoureux qu'ignorance.

Sentiment le plus noble et le plus populaire,
Il unit les enfants, leurs parents et leurs pairs
Il éclaire les lanternes des personnes sans repère
Chaque jour il gagne, aucune nuit il ne perd !

Invincible, il demeure !

Allié de la lumière, combattant des ténèbres
Il est faiblesse pour le fort et force pour le faible
Puisque l'Homme il porte, portons le, en emblème
Et alors l'Humanité résoudra ses problèmes...

XXXVIII

L'AVARICE

Les radins sont aussi vilains que les varices
Avant que vos cœurs totalement se tarissent
Faites le tri dans vos vies, rejetez l'avarice
Un oursin dans vos poches est gage de cicatrices.

L'être humain n'est pas somme des objets qu'il possède
N'a pour propriété que ce corps éphémère
Également, un bout d'âme que la vie lui concède
C'est par le don de soi que l'on atteint la lumière.

Ne vous trompez pas sur vos acquisitions
À tous matériels, préférez l'expérience
On peut ne plus avoir, mais être est la mission
Du spirituel faisons nos résidences...

XXXIX

L'OISIVETÉ

Le travail à mes yeux n'est que nécessité
Le loisir, l'expression de notre vitalité
Du jeu ou du labeur qui a la primauté ?
S'il vous plaît ! Acceptez un peu d'oisiveté !

L'amusement chez l'enfant est une grande obsession
Quand il se divertit, il remplit sa mission
Il connaît la puissance de l'imagination
Contrairement à l'adulte qui souffre d'omission.

À quoi bon, tous les jours, se tuer à la tâche
Gagner quelques deniers à grands coups de cravache
Mon patron fait le cow-boy mais je ne suis une vache
Mon métier : vacancier, plus jamais je ne me fâche.

XL

Sans repère

Du nom de mon père seulement j'ai hérité
Mon enfance, une absence, légère inimitié
Derrière chaque mensonge se cache une vérité
Mais mon cœur te pardonne en toute sincérité.

Pas d'arrière boutique mais une belle vitrine
J'ai trop souvent joué à « l'homme que j'imagine »
Une raison me suis faite, dans ma vie une épine
Sache que ça ne pousse pas bien, un arbuste sans racine.

Pas facile de construire sans une clé de voûte
À présent je suis grand, je dois tracer ma route
Ma colère au vestiaire, ma rancœur dans la soute
C'est sûrement grâce à toi que plus rien ne me coûte.

Je ne sais pas de nous deux qui a le plus souffert
Je suppose que t'as fait ce que tu devais faire
Tes enfants un cadeau que tu ne t'es pas offert
Si tu lis ce poème essaie d'en être fier.

XLI

LA PHOBIE

Dîtes aux homophobes, qu'avant d'être *sapiens*,
ils étaient *Homo*
Dîtes aux xénophobes, qu'avant d'être humains,
ils étaient animaux
Dîtes aux injurieux de se taire, ils ignorent le pouvoir
des mots
Dîtes aux gens trop sérieux, qu'avant d'être adulte,
ils étaient des marmots
Dîtes-vous, à vous-même, que tout ira bien,
pour soigner tous vos maux !

XLII

L'Un ou l'Autre

Vaut-il mieux vivre cent ans à demi une vie
Ou vivre cinquante ans pleinement celle-ci ?
Vaut-il mieux que je passe pour un abruti
Ou que je ne sache vraiment pas qui je suis ?

Vaut-il mieux se venger des coups qu'on a reçus ?
Pardonner à son bourreau et passer au-dessus ?
Vaut-il mieux être bien, pauvre à son insu
Ou riche comme Crésus mais de la vie déçu ?

Vaut-il mieux faire croire qu'on est toujours heureux
Ou avouer parfois que l'on est malheureux ?
Vaut-il mieux se battre en étant courageux
Ou éviter le combat comme le fait le peureux ?

Conscience et inconscience

XLIII

INTROSPECTION

Dans mon monde, j'aimerais qu'on ne juge pas les gens
Dans mon monde, il n'y aurait ni grabuge ni argent
Dans mon monde, rien ne t'oblige à être désobligeant
Dans mon monde, les fourmis font des pas-de-géant.

Dans ma tête, des souvenirs d'enfance se baladent
Dans ma tête, des questions sans réponses en cascade
Dans ma tête, des milliers d'idées, une cavalcade
Dans ma tête, des croyances inculquées me barricadent.

Dans mon cœur, de l'amour emplissant notre espace
Dans mon cœur, du partage et plus de carapace
Dans mon cœur, de la paix pour colombes et rapaces
Dans mon cœur, de la joie pour que la haine trépasse.

XLIV

LE REGARD D'AUTRUI

Savez-vous qui je suis, qui vous êtes, qui nous sommes ?
Un garçon, une fille, amas de chromosomes ?
Enfant de deux consciences, addition de leur somme
J'ai vécu bon vivant, hanterais-je en bon fantôme ?

Ce que tu penses de moi est-il si important ?
La question ne se pose pas, je l'ai posée pourtant
Dans le regard de l'autre, fusil à bout portant
On peut voir qui nous sommes et ce à quoi on tend.

Pour ma part, je l'avoue, je ne donne pas caution
Aux avis, aux jugements de mauvaises intentions,
L'ironie d'une louange est une humiliation
J'entends les critiques, n'y prête pas attention.

XLV

LE POUVOIR DE L'ESPRIT

Nous avons un pouvoir que l'on sous-estime
C'est à ce que l'on croit que nos pensées s'arriment
Nous sommes seuls responsables de ce qui nous arrive
Des victoires triomphantes à nos larges dérives.

Je connais le secret pour enfin être heureux :
Une bouffée d'oxygène, un soleil lumineux,
Et le rire d'un enfant ! L'innocence dans ses yeux
Ou la fougue du jeune et la sagesse du vieux.

Pour le monde matériel, je n'ai que du mépris
Mon âme n'est pas à vendre quel qu'en soit le prix
On n'achète pas le ciel, seulement, on le prie
Finalement, le bien-être n'est qu'un état d'esprit...

XLVI

LA GUÉRISON

Voici quelques mots qui me tiennent à cœur
La paix, le respect, l'amour et le bonheur
Trop souvent bafoués par excès de labeurs
Dans ce monde de profit où domine la peur.

Notre état est le fruit de nos comportements
De nos actes retenons les enseignements
Arrêtons, pour de bon, de porter jugements,
De nos plaies guérissons ! Pansons nos saignements !

On récolte dans nos vies tout que ce que l'on sème
On ne change pas le monde sans se changer soi-même
Qui pourra nous aimer si nous-mêmes on ne s'aime ?
Si le bonheur nous suit pourquoi donc on le sème ?

XLVII

L'Existence

Dans ce monde, il faut croire que tout est éphémère,
C'est un constat cruel qui laisse un goût amer
Pour se sentir réel, l'Homme invente des chimères
Ou raconte des histoires comme l'Odyssée d'Homère.

Notre réalité n'est-elle pas qu'une fiction ?
L'existence une drogue à très forte addiction ?
Jeu de rôle dans lequel la mort est direction !
Consommons notre temps jusqu'à notre éviction !

Ce sujet délicat qui est la finitude,
Est devenu tabou par crainte ou habitude,
On ne parle de la fin qu'avec notre solitude
Sans la mort, pour la vie, nous n'aurions de gratitude.

XLVIII

LE DÉSENCHANTEMENT

Mon stylo pleure toutes les larmes de son encre
Il a vu les infos et plus rien ne l'enchante
Quand des drames font le jeu d'une poignée de cancres
Avides de pouvoir, de profits et de rentes.

Les guerres ne sont pas dans la nature humaine
Et même si l'Histoire semble me donner tort
La violence et la haine ne sont pas dans nos gènes
Notre évolution décidera de notre sort !

Se battre contre un fléau : c'est l'alimenter
Un feu ne s'éteint pas avec de l'essence
Nourrir une juste cause, se sentir exister
Pour que la paix domine, faisons preuve de bon sens !

XLIX

En Conscience

Si nous commencions par nous faire confiance
Si l'envie nous prenait de créer une alliance
Et si tous ensemble nous portions allégeance
À un monde meilleur en élevant nos consciences?

Si nous pouvions voir comme la vie est belle
Même si parfois elle nous cherche des querelles
Si nous sommes en elle, elle est nous, nous sommes elle
L'univers sans vie est un oiseau sans ailes.

Si nous faisions preuve d'authenticité
Et si nous cessions de nous précipiter
Nous pourrions vivre ensemble dans l'authentique cité
De la plénitude, en toute félicité.

L

En Conscience ii

Que l'on croit en un dieu ou que l'on soit athée
Chaque humain a sa part de responsabilité
Dans l'avenir du monde et de l'humanité
Notre force est plus grande que notre fragilité.

Apprenons de l'Histoire, des millénaires passés
Gommons nos erreurs sans même les effacer
Grandissons, élevons-nous sans nous rabaisser
Protégeons notre terre sans nous menacer.

Éduquons nos enfants à devenir meilleurs
Qu'ils apprennent que l'amour vient de l'intérieur
Montrons leur : comment être et non comment avoir !
Et enfin de leur cœur jaillira le pouvoir !

De vivre en harmonie à leur bon vouloir !

LI

MATÉRIALISTE

La valeur de l'argent n'a que celle qu'on lui donne
Quelques-uns se damneraient pour des bouts de papier
Le plus gros des lingots ne vaut pas une pomme
Mais le système bancaire leur a fait perdre pied.

L'Homme moderne aveuglé par les biens matériels
Est fait de commerces et de consommations
Pour tout l'or du monde, il vendrait même le ciel
Donnerait père et mère pour quelques obligations.

À l'heure d'Internet et du tout numérique
Sommes-nous connectés à notre propre nature ?
Trump président des États d'Amérique
Dans la fosse, la morale est jetée en pâture.

Désormais nous vivons dans un monde virtuel,
Ce sont les écrans qui éduquent nos enfants
Nouvelle réalité d'un constat cruel
Les amis ! Agissons tant qu'il est encore temps !

LII

LE LANGAGE

Si les mots ont un sens, parlons peu, parlons bien
La parole est d'argent mais le silence est d'or
Puissent les maux que je pense ne me demander rien
Quoiqu'ils disent, qu'ils se taisent, car je sais qu'ils ont tort.

Le langage est précieux, on ne le dit pas assez !
S'il n'existait pas où en serait le progrès ?
L'Homme est un Homme car il sait prononcer
Par sa voix, il partage ses fiertés, ses regrets.

Surveillons notre langue comme le lait sur le feu
Nos discours nous racontent tout ce dont on a l'air
La parole est une arme, c'est aussi un pare-feu
Les idées ne s'expriment pas sans un vocabulaire.

LIII

Un instant

L'être humain est un chef d'œuvre de biologie
Signé de la main de divine mère nature
À ce jour, l'aboutissement de sa chronologie
Mais les fils de Maman sont encore immatures.

Prenons notre temps ! Faisons donc une pause !
Laissons de côté les fracas de la ville
Combien de fois par jour sommes-nous en osmose
Avec notre karma et ce corps qui l'anime ?

Laissons venir à nous cette douce euphorie
Arrêtons un instant le flot de nos pensées
Cultivons ce jardin qu'on appelle l'esprit
Méditons à tout ce qu'il faudrait repenser.

Ne vivons pas l'existence comme de simples mouches
Il reste tant à apprendre des merveilles de ce monde
Cherchons des réponses aux questions qui nous touchent
Déchiffrons ces mystères dont la vie nous inonde...

LIV

L'INDIGNATION

L'Histoire est en marche, le monde est un sentier
Nos guerres sont le reflet de chemins escarpés
L'Homme est un bâtisseur, l'union est son chantier
Il doit se souvenir pour ne plus déraper.

Dans certains pays, des familles sous les bombes
Des enfants orphelins, des parents sans leurs mômes
Mais comment supporter des innocents qui tombent ?
Le destin d'un peuple dans la main d'un seul homme ?

Face à la barbarie, nous resterons soudés
Jamais ! Au grand jamais ! Nous ne renoncerons !
Jusqu'au jour où la paix les aura dessoudés
Par tous les moyens, nous les dénoncerons.

On ne peut être libre si l'on n'est pas conscient
Que la liberté dépend de nos consciences
Pour vivre en harmonie soyons les récipients
Des ondes de l'amour et de son éminence...

LV

LIBRE

Je veux vivre ma vie, pas celle qu'on me prescrit
Faire mes propres choix en connaissance de cause
Je ne suis ni numéro, ni une bête en batterie
Je suis un homme libre, à l'image de ma prose.

Je suis conscient du monde dans lequel j'évolue
Je ne peux constater que sa dégradation
Ce système était là, bien avant ma venue
Je sais qu'il survivra à ma disparition.

Je choisis de me fier à mes propres valeurs
La richesse d'un homme n'est pas son portefeuille
Je regarde seulement ce qu'il y a dans son cœur
La clarté de son âme dans le fond de son œil.

LVI

VAS-Y

N'attends pas le malheur pour vouloir être heureux
Ne provoque pas l'accident pour te sentir vivant
N'attends pas la misère pour apprécier ce peu
Ne souhaite pas lendemain, tu n'as que le présent.

Des petites étincelles naissent les grands feux
De multiples gouttes d'eau forment les océans
On ne vit pas ses rêves sans formuler de vœux
Hier nous étions microbes, aujourd'hui des géants.

N'attends pas qu'on t'enchaine pour chérir liberté
Ne devient pas aveugle pour aimer la lumière
N'attends pas d'être unique dans cette diversité
Tous aussi différents que nous sommes similaires.

N'attends pas solitude pour aimer compagnie
Tu ne peux pas défaire ce que tu referais
N'attends pas d'être en paix si tu sèmes zizanie
Ne fais pas à autrui ce que tu ne te ferais.

Table

Table

ACHEVÉ D'IMPRIMER
EN ALLEMAGNE PAR BOD
POUR LE COMPTE D'EUPHORIE CHIMÉRIQUE ÉDITIONS
EN JANVIER 2019

ISBN : 978-2-490797-00-4
DÉPÔT LÉGAL : JANVIER 2019

1re ÉDITION : JANVIER 2019

L'auteur et l'éditeur remercient,
pour leurs conseils avisés,
nos chères et aimables relectrices.

Couverture réalisée par Ömer Faruk Yıldız, @bookcoverme.